Vinicius por Vinicius

Copyright © 2021 by V. M. Empreendimentos Artísticos
e Culturais LTDA. www.viniciusdemoraes.com.br
Copyright © 2021 by Maria Lucia Rangel

Grafia atualizada segundo o Acordo Ortográfico da Língua
Portuguesa de 1990, que entrou em vigor no Brasil em 2009.

CAPA, PROJETO GRÁFICO E ILUSTRAÇÕES
Letícia Naves — Estúdio Bogotá

IMAGEM DE CAPA E MIOLO
Vinicius de Moraes, Paris, 1966 © Alécio de Andrade,
ADAGP, Paris, 2021

REVISÃO
Clara Diament, Huendel Viana

Dados Internacionais de Catalogação na Publicação (CIP)
(Câmara Brasileira do Livro, SP, Brasil)

Vinicius por Vinicius : Um retrato em 150 frases /
organização e apresentação Maria Lucia Rangel.
— 1ª ed. — São Paulo: Companhia das Letras, 2021.

ISBN 978-65-5921-313-9

1. Citações – Coletâneas 2. Livro de frases
3. Moraes, Vinicius de, 1913-1980 I. Rangel, Maria
Lucia.

21-77914   CDD-808.882

Índice para catálogo sistemático:
1. Frases: Coletâneas: Literatura   808.882

Cibele Maria Dias – Bibliotecária – CRB-8/9427

[2021]
Todos os direitos desta edição reservados à
EDITORA SCHWARCZ S.A.
Rua Bandeira Paulista, 702, cj. 32
04532-002 — São Paulo — SP
Telefone: (11) 3707-3500
www.companhiadasletras.com.br
www.blogdacompanhia.com.br
facebook.com/companhiadasletras
instagram.com/companhiadasletras
twitter.com/cialetras

Vinicius por Vinicius

UM RETRATO EM 150 FRASES

organização e apresentação
MARIA LUCIA RANGEL

Companhia das Letras

APRESENTAÇÃO

Vinicius de Moraes já ganhou biografias, perfis, epistolário, compilações de crônicas sobre discos e filmes, sem contar seus próprios livros de poesia e letras de música, então por que não perenizar também suas frases? Nem tanto aquelas fáceis de encontrar em versos e canções, mas as dispersas em artigos para jornais e revistas, perdidas em entrevistas, cartas, bilhetes e conversas com amigos. Frases ora bem-humoradas, ora tristonhas e melancólicas, nenhuma infiel ao seu estado de espírito no momento em que foi dita. Mais do que um sujeito divertido, Vinicius era de uma sinceridade incorruptível.

Por ele ter sido grande amigo de meu pai, Lúcio Rangel, desde os tempos da Faculdade de Direito, que cursaram juntos, passei boa parte de minha vida a ouvir suas tiradas, desde bordões ("Eu pago pra ver — sempre") e confissões ("Eu sou um ser muito fiel, embora não pareça e digam que não sou") a conselhos úteis, do tipo "é preciso escovar a língua e o céu da boca". Volta e meia uma delas me vem à memória, acompanhada das expressões faciais e das risadas que ainda mais graça lhe conferiam. Seu jeito encantador de dizê-las não tenho como reproduzir, mas suas palavras, sim, e é isso que importa.

Coletá-las foi um subterfúgio para me sentir mais perto do amigo só fisicamente ausente, revivendo-o por meio daquilo que ele sabia usar com maestria e uma carga de emoção incomuns. Ei-las. Curtam. E aprendam. Pois, além de sincero e moleque, Vinicius foi um sábio.

MARIA LUCIA RANGEL

Eu sou um labirinto em busca
de uma porta de saída.

Entrevista para Otto Lara Resende, programa *Painel*,
TV Globo, 1977

Nunca menino algum aceitou menos as vias normais de acesso.

Sobre o menino Vinicius na crônica "A letra A: Palavra por palavra — Abajur", *Jornal do Brasil*, 15 set. 1969

O mar da infância banha até
hoje o meu peito com suas marés
sussurrantes.

Comentário sobre o poema "Copacabana", do livro
*Roteiro lírico e sentimental da cidade de São Sebastião
do Rio de Janeiro*, Companhia das Letras, 1992

Há, desde a entrada, um
sentimento de tempo na casa
materna. As grades do portão
têm uma velha ferrugem
e o trinco se oculta num lugar
que só a mão filial conhece.

Crônica "A casa materna", do livro *Para viver
um grande amor*, Companhia das Letras, 1991

Não está certo, não, Vinicius de Moraes. O público te paga para escrever, e você, em vez, fica a andar de bicicleta com o Rubem Braga pelas praias do Leblon ou a roer a sua solidão nos bares de Copacabana...

Crônica "Abstenção de cinema", jornal *A Manhã*, 21 fev. 1943

Sou um homem como uma
árvore, cheio de parasitas
e passarinhos, frutos podres
e folhas novas, carunchado
de uns lados, dando brotos
de outros, escorrendo resina
e absorvendo sempre seiva nova.

Entrevista para Odacir Soares, revista *Manchete*,
17 out. 1964

Eu acho que sou um desses
gatos boêmios e noturnos,
que ficam passeando pelos
telhados das casas.

Entrevista para sua oitava mulher,
Marta Rodríguez Santamaría, revista *Status*, mar. 1978

Tenho uma estima por mim bastante grande, sabe. Uma estima que vem da constatação das coisas que fiz, das pessoas que eu amei, dos amigos que tive e tenho. Considero tudo conquistas consideráveis, no cômputo geral. Às vezes tenho a imodéstia de dizer a mim mesmo: "Você vale a pena". Isso sem nenhum sentimento de vaidade.

Entrevista para Narceu de Almeida,
revista *Ele & Ela*, mar. 1979

Sou um homem complicado
em busca da simplificação.

Entrevista para o *Diario da Noite*, 10 jun. 1969

Eu acredito que os objetos vivem se divertindo comigo, para me castigar da minha distração. Eu passo boa parte do dia procurando: seja o pente, os óculos, a piteira, às vezes mesmo os fios de meus pensamentos. Já me ocorreu perder minha alma, numa esquina do mundo.

Entrevista para Marta Rodríguez Santamaría, revista *Status*, mar. 1978

O lirismo, para mim, faz parte do ar que eu respiro. Mas tem que ser real.

Entrevista para Frederico Branco, Lourenço Dantas Mota e Nilo Scalzo, *O Estado de S. Paulo*, 18 fev. 1979

A verdade é que sou um homem de simples comer, podendo perfeitamente cumprir meu tempo no feijão com arroz, bife, batata frita e um ovo quente, a um canto do prato.

Crônica "Smorgasbord", *Última Hora*, 25 jun. 1951

É bobagem se dizer que
o intelectual, o escritor,
não tem vaidade, nós somos
todos uns grandessíssimos
vaidosos e, na medida em que
você aceita ou não a sua vaidade,
você vai para a Academia
[Brasileira de Letras].

Entrevista para Tarso de Castro, Jaguar e Luiz
Carlos Maciel, *O Pasquim*, ago. 1969

Eu só ando de gravata mesmo porque diplomata é um ser de gravata, não há nada a fazer. Detesto tudo o que me aperta.

Entrevista para Odacir Soares, revista *Manchete*, 17 out. 1964

Acho qualquer prisão horrível, inclusive a prisão de ventre.

Entrevista para Marta Rodríguez Santamaría,
revista *Status*, mar. 1978

Sou um homem triste, com uma grande vocação para a alegria.

Entrevista para Odacir Soares, revista *Manchete*, 17 out. 1964

Um homem como eu, que está sempre apaixonado, vive em prece.

Entrevista para Odacir Soares, revista *Manchete*, 17 out. 1964

Fundamental é você amar muito e sempre. É mão de obra 24 horas por dia. E depois adquirir certa capacidade seletiva também, não amar as pessoas erradas.

Entrevista para Otto Lara Resende, programa *Painel*, TV Globo, 1977

O Amor horizontal é melhor
e não faz mal. Bocas rosadas,
frescas, palpitantes? Beijos
de amor constantes! As bocas
mais beijadas são mais bem
lubrificadas.

Crônica "O camelô do amor", *Jornal do Brasil*,
11 ago. 1969

A gente deve é amar para
a frente, sofrendo e fazendo
sofrer, e se queimando o melhor
e o mais rapidamente possível.

Carta para Laetitia de Moraes, Paris, 19 mar. 1954

Há uma grande crise de orgasmo na atualidade, uma grande deficiência orgástica no mundo.

Entrevista para Marta Rodríguez Santamaría, revista *Status*, mar. 1978

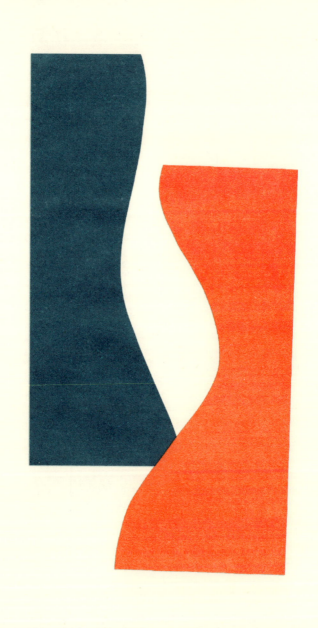

Um dia, perguntei ao Toquinho de quem ele gostava mais: de mulher ou do violão. Ele ficou pensativo. Felizmente, respondeu que era de mulher. Respirei aliviado: se ele dissesse que era do violão, nossa parceria estaria desfeita naquele momento.

Entrevista para Dirceu Soares, *Folha de S.Paulo*, 5 abr. 1979

Para mim, a mulher sempre funcionou como fio terra. [...] Eu sou real e humano na medida em que eu tenho uma mulher do meu lado.

Entrevista para Tarso de Castro, Jaguar e Luiz Carlos Maciel, *O Pasquim*, ago. 1969

Mesmo uma mulher-bandolim (vale dizer: um bandolim), se não encontrar um Jacob pela frente, está roubada.

Crônica "Uma mulher chamada guitarra",
do livro *Para viver um grande amor*,
Companhia das Letras, 1991

Realmente, para mim, a mulher é um ser indispensável. Não posso viver sem mulher. Houve uma época de minha vida que achei que esse negócio havia terminado, que as coisas não estavam dando certo, que talvez fosse melhor eu me isolar e parar de brincar com esse bicho tão perigoso. Mas não deu. Não deu mesmo. Eu sou um namorador inveterado.

Entrevista para Narceu de Almeida, revista *Ele & Ela*, mar. 1979

Quando uma mulherzinha linda deixa de ser afrodisíaco, o jeito é pendurar as chuteiras.

Vinicius numa mesa de bar. In: Paulo Mendes Campos,
O mais estranho dos países, Companhia das Letras, 2013

Uma mulher sem saboneteiras
É como um rio sem pontes.

"Receita de mulher", *Novos poemas II*,
Companhia das Letras, 2012

Não parto para um casamento
pensando que ele vai acabar.
Se ele acaba é porque o amor
requenta — e amor requentado
não dá pra aguentar.

Entrevista para Humberto Werneck e Regina
Echeverria, *Veja*, 16 maio 1979

O difícil é separar.
Casar é facílimo.

Entrevista para Narceu de Almeida,
revista *Ele & Ela*, mar. 1979

Descobri que o difícil para
um homem não é encontrar
sua mulher, é encontrar sua viúva.

Carta para Manuel Bandeira, Montevidéu, 14 out. 1959

Vocês conhecem a nona
do Beethoven? Pois esta
aqui é a nona do Vinicius.

Apresentando Gilda Mattoso, sua nona
e última esposa, 1979

Entendo o relacionamento
do homem e da mulher como
a união de dois a enfrentar
o grande problema que é a vida,
a união de duas solidões, porque
a solidão é intrínseca ao ser
humano, não é isso?

Entrevista para Ricardo Noblat e Tadeu Lubamo,
revista *Desfile*, ago. 1973

Eu sou um antidon-juan.

Crônica "Este sou eu", na coluna "Vinicius por Vinicius", *Última Hora*, 10 nov. 1970

A maior solidão é a do homem encerrado em si mesmo, e que não dá a quem pede o que ele pode dar de amor, de amizade, de socorro.

In: Paulo Mendes Campos, *O mais estranho dos países*, Companhia das Letras, 2013

Eu aceito a solidão bem,
mas não por muito tempo.

Entrevista para Narceu de Almeida,
revista *Ele & Ela*, mar. 1979

No mundo vale ter pique
É da vida o que nos fica
Mas não há pique que fique
Sem o pique de uma pica.

"O Pique", quadrinha feita para o mictório do bar da
mulher Gesse, em Itapuã, e transcrita para Francis
Hime, Petrópolis, 18 jan. 1975

No homem, o sexo é centrífugo
e intermitente. Na mulher,
é centrípeto e permanente. Existe
nela como conteúdo e continente;
enquanto que no homem o sexo
é apenas continente.

"A mulher segundo Vinicius (II)", *O Pasquim*, ago. 1970

Eu acho que um homem e uma mulher não têm nada a ver um com outro, sabe? É o que eu disse naquele meu poema, com uma expressão que considero feliz: "São inimigos inseparáveis".

Entrevista para Tarso de Castro, Jaguar e Luiz Carlos Maciel, *O Pasquim*, ago. 1969

A busca mais importante
está em encontrar a própria
felicidade, porque ninguém pode
dar a felicidade a ninguém se não
a tiver primeiro.

Crônica "Este sou eu", na coluna "Vinicius por
Vinicius", *Última Hora*, 10 nov. 1970

O material do poeta é a vida,
e só a vida, com tudo o que ela
tem de sórdido e sublime.

Crônica "Sobre poesia", revista *Manchete*, 7 mar. 1959

Eu só sei criar na dor e na tristeza.

Entrevista para Clarice Lispector,
revista *Manchete*, 12 out. 1968

Em primeiro lugar, sou poeta.
Todas as minhas outras
atividades artísticas decorrem
do fato de que sou poeta antes
de tudo.

Entrevista para *Le Bulletin du Festival International
de Cannes*, 17 maio 1966

Eu acho que, a não ser no caso de poetas completamente esotéricos ou então alienados, a poesia em si é uma coisa engajada, porque seu maior engajamento é em relação à vida.

Entrevista para Ricardo Noblat e Tadeu Lubamo, revista *Desfile*, ago. 1973

O fato de minha poesia ter
comunicação é resultante de
uma opção determinada
por minha vida, por minha
experiência de homem, depurada
nos lentos filtros da poesia. [...]
O poeta, como qualquer outro ser
humano, é fruto do seu meio e da
sua formação.

Entrevista para *O Globo*, 24 nov. 1973

Acho que os poetas servem
para não serem presidentes
da República.

Entrevista para Marta Rodríguez Santamaría,
revista *Status*, mar. 1978

Eu não me acho realmente
um prosador, não, Otto.
Eu acho que o cronista
é o poeta em férias, né?

Depoimento a Otto Lara Resende para
o Museu da Imagem e do Som, 12 jun. 1967

Acredito que outras formas
de comunicação apareçam
com o passar do tempo
e o consequente avanço
tecnológico. Mas confesso que
isso não me interessa, senão
remotissimamente. Não creio
que desapareça nunca a arte
da palavra.

Entrevista para *O Globo*, 24 nov. 1973

Acho que o grande problema
do poeta é viver integralmente
e, puxa, se o cara não tentar
isso, para que então ser poeta,
não é mesmo?

Entrevista para Ricardo Noblat e Tadeu Lubamo,
revista *Desfile*, ago. 1973

Sou essencialmente um
poeta, e como poeta saboreio
plenamente tudo o que a vida
pode oferecer de bom e de belo.
Mas prefiro a tristeza à alegria,
porque acho-a mais criativa.
Se isso constitui uma filosofia,
eis então a minha.

Entrevista para *Le Bulletin du Festival International de Cannes*, 17 maio 1966

Se não tiver mais nada para dizer, paro. O problema de escrever por escrever não existe para mim. Forçar a barra, jamais.

Entrevista para Narceu de Almeida, revista *Ele & Ela*, mar. 1979

Cada poeta é uma coisa em
si, mas todos os poetas devem
o mesmo à Poesia: a própria vida.

Crônica "A um jovem poeta", 1969. *Para uma menina com uma flor*, Companhia das Letras, 1992

Não falo de mim como músico,
mas como poeta. Não separo
a poesia que está nos livros
da que está nas canções.

Entrevista para Clarice Lispector,
revista *Manchete*, 12 out. 1968

A poesia é tão vital para mim que ela chega a ser, digamos assim, o retrato de minha vida, em palavras, em sentimentos.

Entrevista para Ricardo Noblat e Tadeu Lubamo, revista *Desfile*, ago. 1973

O lirismo, para mim, faz parte do ar que eu respiro. Mas tem que ser real.

Entrevista para Frederico Branco, Lourenço Dantas Mota e Nilo Scalzo, *O Estado de S. Paulo*, 18 fev. 1979

Não quero ser um poeta transcendental. Quero ser um poeta dentro da vida.

Entrevista para Humberto Werneck
e Regina Echeverria, *Veja*, 16 maio 1979

Meus amigos queridos, vou lhes confessar uma coisa: a lua não presta.

Rompante do poeta numa roda de amigos. In: José Castello, *Vinicius de Moraes: o poeta da paixão*, Companhia das Letras, 1992

Para mim, a felicidade é o equilíbrio no fio da navalha.

Entrevista para Tarso de Castro, Jaguar e Luiz Carlos Maciel, *O Pasquim*, ago. 1969

Se a felicidade existe, eu só
sou feliz enquanto me queimo,
e, quando a pessoa se queima,
não é feliz. A própria felicidade
é dolorosa.

In: Paulo Mendes Campos, *O mais estranho dos países*,
Companhia das Letras, 2013

Poucas coisas fazem tanto bem quanto a solidão sincera.

Carta para a mãe, Lydia de Moraes,
Itatiaia, 11 mar. 1935

Sentimentos, mas que é isso, bicho? Que coisa mais antiga... Quem tem sentimento é guia de cego.

Crônica "Ser moderno", *Jornal do Brasil*, 7 jul. 1969

Liberdade é poder cagar de porta aberta.

Respondendo a um repórter baiano que lhe pede a definição de liberdade. In: José Castello, *Vinicius de Moraes: o poeta da paixão*, Companhia das Letras, 1992

O banho de banheira, morno,
é para mim uma volta ao útero
materno.

Entrevista para Marta Rodríguez Santamaría,
revista *Status*, mar. 1978

Quem nunca teve um pai que ronca não sabe o que é ter pai.

Crônica "O dia do meu pai", 30 jul. 1959. *Para viver um grande amor*, Companhia das Letras, 1991

O mundo é esquisito.
Tem mosquito.

Para o sobrinho Marcus Moraes, década de 1940

Você já passou um Sete de Setembro, Tomzinho, sozinho, num porto estrangeiro, numa noite sem qualquer perspectiva? É fogo, maestro!

Carta para Tom Jobim, porto do Havre, 7 set. 1964

O rouxinol canta lindo, disso não há dúvidas. Mas você já ouviu direito, em alguma madrugada, um sabiá cantar de peito aberto?

Crônica "Elisete no Municipal (II)", *Diario Carioca*, 22 nov. 1964

Só os invejosos não veem que um dólar ou outro a mais não faz mal a ninguém.

Crônica "Uma casa em Norman Place, L.A.", *Diario Carioca*, 20 jan. 1965

Me diga sinceramente uma
coisa, Mr. Buster: o senhor
sabe lá o que é um choro de
Pixinguinha? O senhor sabe lá
o que é ter uma jabuticabeira no
quintal? O senhor sabe lá o que
é torcer pelo Botafogo?

Crônica-poema "Olhe aqui, Mr. Buster", Hollywood,
anos 1940. *Para viver um grande amor*, Companhia
das Letras, 2010

A novidade principal é que conheci Greta Garbo. Depois da Notre-Dame, é a ruína mais linda que há em Paris.

Carta para a mãe, Lydia de Moraes, Paris, 18 jul. 1951

Eu sou sedentário, embora tenha vida de nômade, por contingências da minha profissão. Mas eu sou fundamentalmente ficador. Eu gosto mesmo é de cadeira.

Entrevista para Marta Rodríguez Santamaría, revista *Status*, mar. 1978

Eu nunca fui homem de competições — detesto tudo que cheira a "ganhar" de outra pessoa, e se larguei de fazer esporte desde cedo, foi um pouco por causa disso.

Entrevista inédita de 1968. In: Sergio Cohn e Simone Campos (Orgs.), *Encontros: Vinicius de Moraes*, Azougue Editorial, 2007

Nunca vi boa amizade nascer em leiteria.

In: Paulo Mendes Campos, *O mais estranho dos países*, Companhia das Letras, 2013

Você mora com pijama de listas
no meu lado esquerdo.

Carta para o poeta Abgar Renault, 1966

De você pode sair qualquer
coisa, desde as infecções mais
perigosas, de caráter sexual,
até os mais belos poemas
e até a energia atômica.

Carta para Hélio Pellegrino, sem local e sem data
(provavelmente Rio de Janeiro, começo dos
anos 1960). In: Ruy Castro (Org.), *Querido poeta:
Correspondência de Vinicius de Moraes*, Companhia
das Letras, 2003

Faz dois versos. Vamos virar parceirinhos.

Convidando Chico Buarque para participar da letra do choro "Gente humilde", do compositor Garoto, em 1969

O importante é que o diabo fique
sobraçando a sua cornucópia
e que de seu âmago saiam
sempre coisas que façam sofrer
e alegrar os homens em sua
marcha para o desconhecido.

Carta a Lúcio Rangel, 1959

[João] Cabral gosta muito de mim e me disse uma vez que, se o Brasil tivesse um poeta com meu talento e a sua disciplina, o país enfim teria um grande poeta.

Em conversa com Caetano Veloso, em depoimento ao documentário *Vinicius*, dir. Miguel Faria Jr., 2005

Cem páginas da mais alta poesia;
um troço, pai, de arrepiar os
cabelinhos do cu.

Carta para o amigo Calasans Neto, abr. 1976,
descrevendo *Poema sujo*, de Ferreira Gullar

É o poeta em estado virgem.
A mais bela crisálida de poesia
que jamais existiu, desde William
Blake. É o mistério poético em
toda a sua inocência, em toda
a sua beleza natural. É voo,
é transcendência absoluta.
É amor em estado de graça.

Vinicius definindo o amigo Jaime Ovalle para
Fernando Sabino, *Jornal do Brasil*, 15 jul. 1974

Em casa li o livro [*Poemas*, de Murilo Mendes] até de manhã. Achei-o magistral, até no que tinha de artifício.

In: Paulo Mendes Campos, *O mais estranho dos países*, Companhia das Letras, 2013

Eu o tenho em especial carinho.
Invejo-lhe a Poesia descarnada
e lúcida, como que iluminada
por um sol fluido de aurora.

Descrevendo Drummond na crônica "Encontros",
Jornal do Brasil, 13 abr. 1941

Num ser político como Neruda,
o engajamento tem de existir.
Você não pode separar uma
posição política da poesia.

Entrevista para Ricardo Noblat e Tadeu Lubamo,
revista *Desfile*, ago. 1973

Diga a Jorge [Amado] que passei
duas horas conversando com
o [Jorge Luis] Borges, e minha
impressão foi de que tinha
passado duas horas falando
com um morto que escreve
o fino, é claro. [...] Agora: me
deu quase que uma ternura por
ele, tão velhinho e escroto, tão
reacionário e ao mesmo tempo
tão bom escritor, sei lá.

Carta para o amigo Calasans Neto, Buenos Aires,
13 out. 1975

Picasso é como o câncer às avessas. [...] O abismo teme esse louco saltimbanco que se atira no vácuo da tela sem saber se vai voltar — e volta sempre.

Crônica "Arte e síntese", *Jornal do Brasil*, 8 set. 1969

Eu me sinto irmão de William Blake, Keats, Verlaine, Leopardi, García Lorca, Jaime Ovalle e Ferreira Gullar. Por razões diferentes, é claro.

Entrevista para Marta Rodríguez Santamaría, revista *Status*, mar. 1978

Poesia é Rimbaud, é Mallarmé,
é Rilke, mas é também
Neruda, e Éluard, e Fučik.
Os tempos mudaram —
que é que se vai fazer?

Carta para Lauro Escorel, Los Angeles, 25 jul. 1949

Lembro-me que uma tarde, depois da minha volta definitiva do meu posto em Paris, em fins de 57, num coquetel no Au Bon Gourmet, [...] meu querido amigo, o poeta Manuel Bandeira, que torce muito por mim, abraçou-me bem apertado, enquanto me dizia ao ouvido: "esse é o único tipo de sucesso que eu invejo".

Crônica "Certidão de nascimento (II)", *Diario Carioca*, 27 jan. 1965

Tenho tanta ternura pela sua mão queimada...

Para Clarice Lispector — que dormiu com o cigarro aceso, provocando um incêndio em seu apartamento —, ao entrevistá-lo para a revista *Manchete*, 12 out. 1968

Lembro-me que uma tarde estava com Paulo Mendes Campos no Juca's Bar, na cidade, quando ouvi um cara desconhecido, na mesa ao lado, convidar um outro para ir à minha casa, onde — assegurava ele — o uísque corria.

Crônica "Meu Caymmi", *O Pasquim*, set. 1970

Eu sabia que seu peito ia explodir
um dia, meu Maria, pois, por
mais forte e largo que fosse,
a morte era o seu guia.

Crônica "Morrer num bar: na morte de Antônio
Maria", 15 out. 1964. *Para uma menina com uma flor*,
Companhia das Letras, 1992

Quem é aquela deusa louca?

Ao conhecer a ainda desconhecida Ava Gardner
na casa de Carmen Miranda

Oscar Niemeyer fala pouco, mas eu sei tudo o que ele quer dizer.

Crônica "Brasília: o nascimento de uma cidade ou como se faz um poema sinfônico", 1961. *Samba falado*, Azougue Editorial, 2008

Mário [de Andrade] foi uma conquista minha. [...] Fui-lhe mesmo apresentado umas duas ou três vezes, sem resultado. Fazia um ar, meu Deus, vaguíssimo, de ombros um pouco levantados.

In: Paulo Mendes Campos, *O mais estranho dos países*, Companhia das Letras, 2013

Eu acho o Glauber [Rocha] um gênio, esta palavra tão antipática que as pessoas usam mais do que deveriam, mas no caso do Glauber realmente se aplica.

Entrevista para Tarso de Castro, Jaguar e Luiz Carlos Maciel, *O Pasquim*, ago. 1969

Limite é um anfiguri que toca os limites da intuição perfeita.

Sobre o filme *Limite*, de Mário Peixoto, com fotografia de Edgar Brasil, jornal *A Manhã*, 31 jul. 1942

Orson [Welles], sempre que filmava, me chamava, e eu ia. E assim eu segui dois ou três filmes dele de muito perto, com ele me explicando certas coisas de vez em quando. [...] Segui *A dama de Xangai* e *Macbeth* inteiro, [...] assim que fiz meu aprendizado de cinema.

Depoimento para o Museu da Imagem e do Som,
12 jun. 1978

Simão, o Caolho é Brasil. [...]
Não Brasil, meu Brasil brasileiro,
mas Brasil à Mário de Andrade,
Brasil à Marques Rebelo, Brasil
à Noel Rosa.

Crítica "Eia, Cavalcanti" [o diretor de cinema
Alberto Cavalcanti], *Última Hora*, 8 nov. 1952

Eu acho que a criação é uma compulsão do homem para imitar a Deus, ou que outro nome se possa dar à entidade divina. É um ato de inveja. De inveja e competição, no plano do espírito. No fundo, todo ser humano se julga um pequeno deus.

Entrevista para Marta Rodríguez Santamaría, revista *Status*, mar. 1978

Fazer música é muito mais
divertido do que escrever
— e eu penso que a gente deve
se divertir com o que faz.

Entrevista para Humberto Werneck e Regina
Echeverria, *Veja*, 16 maio 1979

Houve um tempo em que tive
um certo esnobismo com relação
à música popular. Achava que
era uma arte menor. Isso foi no
tempo em que eu achava que era
o poeta, aquelas besteiras que
você pensa quando é menino.

Especial *Em verdade, Vinicius*, TV Educativa, 1988

Uma música que comece sem começo e termine sem fim.
Uma música que seja como o som do vento numa enorme harpa plantada no deserto.

In: Paulo Mendes Campos, *O mais estranho dos países*, Companhia das Letras, 2013

Depois do Baden, o Toquinho é
o fenômeno mais impressionante,
como violonista, que vi no Brasil.
Como para o Baden, o violão
para o Toquinho é a continuação
do braço dele.

Entrevista para Araújo Netto, *Jornal do Brasil*,
1 jul. 1971

O grande cantor brasileiro para mim, disparado, na frente de qualquer um, é João Gilberto.

Entrevista para Tarso de Castro, Jaguar e Luiz Carlos Maciel, *O Pasquim*, ago. 1969

Eu gostaria de ter sido meu
grande irmão negro Alfredo
da Rocha Viana, sabe? Chamado
Pixinguinha. Esse realmente
eu acho que foi o ser mais
lindo que eu encontrei dentro
da escala humana. Eu tiro
o chapéu para ele.

Programa *Em verdade: Vinicius*, TV Cultura, jul. 1995

Minha amizade com Pixinguinha,
com Ciro Monteiro, com Ismael
Silva, Nelson Cavaquinho, Donga,
e a importância que eu dou à
influência negra em nossa arte
em geral, sobretudo na música,
eu sinto profundamente. Então,
é uma maneira de dizer que
eu sou o branco mais preto
do Brasil.

Programa *Em verdade: Vinicius*, TV Cultura, jul. 1995

Bossa nova é mais um
olhar que um beijo; mais uma
ternura que uma paixão; mais
um recado que uma mensagem.
Bossa nova é o canto puro
e solitário de João Gilberto
eternamente trancado em seu
apartamento, buscando uma
harmonia cada vez mais
extremada e simples nas cordas
de seu violão e uma emissão cada
vez mais perfeita para os sons
e palavras de sua canção.

Crônica "Contracapa para Paul Winter",
revista *Fatos e Fotos*, jan. 1965

Acho música brasileira mais importante e mais rica que o jazz, o fenômeno musical mais importante do século.

Entrevista para *O Pasquim*, ago. 1969

Bossa nova é também
o sofrimento de muitos jovens,
do mundo inteiro, buscando
na tranquilidade da música
não a fuga e alienação aos
problemas do seu tempo, mas
a maneira mais harmoniosa
de configurá-los.

Crônica "Contracapa para Paul Winter",
revista *Fatos e Fotos*, jan. 1965

O carioca é um sujeito que por princípio acorda tarde e chateado.

Roteiro lírico e sentimental da cidade de São Sebastião do Rio de Janeiro, Companhia das Letras, 1992

Ser carioca é não gostar de
levantar cedo mesmo tendo
obrigatoriamente de fazê-lo;
é amar a noite acima de todas
as coisas, porque a noite induz
ao bate-papo ágil e descontínuo;
é trabalhar com um ar de ócio,
com um olho no ofício e o outro
no telefone, de onde sempre pode
surgir um programa; é ter como
único programa o não tê-lo;
é estar mais feliz de caixa baixa
que alta; é dar mais importância
ao amor que ao dinheiro. Ser
carioca é ser Di Cavalcanti.

In: Paulo Mendes Campos, *O mais estranho dos países*,
Companhia das Letras, 2013

Que outra criatura no mundo
acorda para a labuta diária como
um carioca? Até que a mãe,
a irmã, a empregada ou o amigo
o tirem do seu plúmbeo letargo,
três edifícios são erguidos em
São Paulo.

In: Paulo Mendes Campos, *O mais estranho dos países*,
Companhia das Letras, 2013

São Paulo é o túmulo do samba.

Para Johnny Alf na boate Cave, em São Paulo, 1960

O problema de São Paulo é que a gente anda, anda e nunca chega a Ipanema.

In: José Castello, *Vinicius de Moraes: o poeta da paixão*, Companhia das Letras, 1992

Eu gosto das sextas-feiras 13.
Quando cai no sábado, então,
é perfeito.

Entrevista para Odacir Soares, revista *Manchete*,
17 out. 1964

O avião é mais pesado que
o ar, tem motor a explosão e foi
inventado por brasileiro. E você
ainda quer que eu entre nele?

In: Ruy Castro, *Mau humor*, Companhia das Letras, 2002

O cotidiano é a ferrugem da vida.

In: Toquinho, "A bênção, Poeta", crônica publicada nos cem anos de Vinicius de Moraes, *O Estado de S. Paulo*, 6 out. 2013

Dentre os instrumentos criados pela mão do homem, só o violão é capaz de ouvir e de entender a lua.

In: Paulo Mendes Campos, *O mais estranho dos países*, Companhia das Letras, 2013

Violão é imprescindível, pois
é o único instrumento que
representa a mulher ideal: nem
grande, nem pequena; de pescoço
alongado, ombros redondos
e suaves, cintura fina e ancas
plenas; cultivada mas sem
jactância; relutante em exibir-se,
a não ser pela mão daquele
a quem ama; atenta e obediente
ao seu amado mas sem perda
de caráter e dignidade; e,
na intimidade, terna, sábia
e apaixonada.

In: Paulo Mendes Campos, *O mais estranho dos países*,
Companhia das Letras, 2013

Ser poeta é viver três doses acima.

Parodiando Humphrey Bogart, para quem a
humanidade está sempre três doses abaixo.
In: José Castello, *Vinicius de Moraes: o poeta da paixão*,
Companhia das Letras, 1992

O uísque é o melhor amigo do homem. Cachorro é uísque engarrafado.

In: Paulo Mendes Campos, *O mais estranho dos países*, Companhia das Letras, 2013

Eu sou um ser muito fiel,
embora não pareça e digam
que não sou. Esse negócio de
parceria é um pouco como
o casamento. De repente sem
que a gente saiba prevenir ou
explicar, o negócio começa
a mixar.

Entrevista para Araújo Netto, *Jornal do Brasil*,
1 jul. 1971

Poema político é aquele que você faz de encomenda. A razão pode ser a mais digna possível, mas não me peçam isso. Não faço poemas para fora.

In: José Castello, *Vinicius de Moraes: o poeta da paixão*, Companhia das Letras, 1992

O Brasil, sei que vai de mal
a pior. De maneira que qualquer
esperança que você possa me dar
nesse sentido será muito bem
recebida.

Carta para Manuel Bandeira, Hollywood, 14 set. 1947

O Brasil é um país bastante parecido com o ser humano, com crises alternadas de pureza e de mau caráter.

Entrevista para Odacir Soares, revista *Manchete*, 17 out. 1964

Os presidentes da República servem para dar esperança aos vices de chegar a ser presidentes também.

Entrevista para Marta Rodríguez Santamaría, revista *Status*, mar. 1978

Estejam os políticos à altura do país e do povo que têm, e estou certo faremos em cem anos o que a Europa fez em séculos.

Entrevista para Odacir Soares, revista *Manchete*, 17 out. 1964

Saí do Rio um homem de direita e voltei um homem de esquerda.

Depois de percorrer Norte e Nordeste com o escritor e crítico literário norte-americano Waldo Frank, entrevista para Narceu de Almeida, revista *Ele & Ela*, mar. 1979

O grande perigo da censura
é a autocensura, que limita
o trabalho, dá uma meia trava.

Entrevista para Maria Lucia Rangel, *Jornal do Brasil*,
28 jul. 1976

Não adianta
você querer
fazer poesia
política de
propósito.
O poema tem
de nascer
da tua revolta.

In: José Castello, *Vinicius de Moraes: o poeta
da paixão*, Companhia das Letras, 1992

Acho uma burrice o artista ser engajado politicamente e fazer uma música ruim — isso não tem o menor valor. O que adianta você ser o maior comuna e fazer sambas ruins? Aí eu acho que seria preferível ser alienado e fazer música boa.

Entrevista para Narceu de Almeida, revista *Ele & Ela*, mar. 1979

Arte não é só fazer: é também
esperar. Quando o veio seca,
nada melhor para o artista
que oferecer a face aos ventos,
e viver, pois só da vida lhe
poderão advir novos motivos
para criar.

Crônica "Arte e síntese", *Jornal do Brasil*, 8 set. 1969

Arte é afirmação de vida,
em que pese isto aos mórbidos.
Afirmação de vida nesse sentido
que a vida é a soma de todas as
suas grandezas e podridões: um
profundo silo onde se misturam
alimentos e excrementos, e do
qual o artista extrai a sua ração
diária de energias, sonhos
e perplexidades: a sua vitalidade
inconsciente.

Crônica "Arte e síntese", *Jornal do Brasil*, 8 set. 1969

Creio mais na vida do que na arte, isso é certo. Para mim é muito mais importante viver plenamente do que ser artista. Mesmo um Shakespeare.

Entrevista para Frederico Branco, Lourenço Dantas Mota e Nilo Scalzo, *O Estado de S. Paulo*, 18 fev. 1979

A grande função do crítico
deveria ser dimensionar
a qualidade da obra literária,
devia ser um homem em
princípio a favor e não contra.
[...] Apontar as qualidades e os
erros, mas não mutilar nem
destruir.

Entrevista para Frederico Branco, Lourenço Dantas
Mota e Nilo Scalzo, *O Estado de S. Paulo*, 18 fev. 1979

Os críticos são uns frustrados, entende? Eles têm mau hálito no pensamento.

Entrevista para Jésus Rocha, *O Jornal*, 21 jun. 1973

Eu gosto de fita de gorila.
Eu também gosto de fita que tem
índio e de fita que tem piratas.
Mais de tudo eu gosto de fita que
tem leão na África e que a moça
fica presa na caverna e o leão
vem chegando.

Crônica "O Cavaleiro de Sherwood", *Última Hora*,
28 jun. 1951

Por que será que os jovens estão nascendo cada dia mais velhos?

Crônica "MPB — Zero (A propósito do IV Festival Internacional)", *Jornal do Brasil*, 6 out. 1969

Que medo da morte nada, filhinha. Coloca aí no seu jornalzinho: o que eu estou é com saudade da vida!

Respondendo a uma jornalista se tinha medo da morte. In: Carlos Lyra, "Parceirinho 100%", crônica publicada nos cem anos de Vinicius de Moraes, *O Estado de S. Paulo*, 6 out. 2013

Cai-me bem, de quando em quando, uma doença. É, não só, de certo modo, um treino para a morte, como um grande pretexto para a meditação.

Crônica "Cachambu-les-Eaux", 1965. *Para uma menina com uma flor*, Companhia das Letras, 1992

Sei que a velhice pode ser uma coisa legal, mas não gosto da ideia de envelhecer porque perderia tudo o que as mulheres ainda podem me dar.

Entrevista para Narceu de Almeida, revista *Ele & Ela*, mar. 1979

Os enterros, eliminei-os de minha vida para que possa lembrar vivos os meus mortos.

Crônica "Suave amiga", nov. 1964. *Para uma menina com uma flor*, Companhia das Letras, 1992

Se me perguntasse
o que é mais importante,
a arte ou a vida, eu diria
sempre que é a vida.

Entrevista para Humberto Werneck
e Regina Echeverria, *Veja*, 16 maio 1979

Não acredito em Deus. Mas que existe, existe.

In: Ruy Castro, *Mau humor*, Companhia das Letras, 2002

Eu sempre digo que a esperança é um bem gratuito. Não se paga nada para ter e é melhor ter que não ter.

Entrevista para Frederico Branco, Lourenço Dantas Mota e Nilo Scalzo, *O Estado de S. Paulo*, 18 fev. 1979

Não se pode ser sensual apenas com as mulheres, num sentido puramente sexual. A gente deve ser sensual em relação à vida, a tudo.

Entrevista para Frederico Branco, Lourenço Dantas Mota e Nilo Scalzo, *O Estado de S. Paulo*, 18 fev. 1979

É preciso não desejar demais
para que a vida não dê de menos.

Carta para a mãe, Lydia de Moraes, Itatiaia,
28 jan. 1935

Proprietário de poemas
e canções, senhor de uma
mulher e uma paisagem, dono
de minha vida e minha morte —
não serei eu por acaso o homem
mais rico desta terra?

Crônica "Cobertura na Gávea", *Última Hora*, jan. 1966

Publicarei meu diário com o título de *Eu, pecador* — guarde segredo que ninguém, absolutamente ninguém, sabe ainda.

Carta para Lúcio Cardoso, Itatiaia, 14 abr. 1936

Acho que esse negócio
de memórias, pelo menos
no meu caso, sempre termina
em algo parcial, calculado,
sabe? A gente lambendo,
mesmo inconscientemente,
as próprias feridas.

Entrevista para Jésus Rocha, *O Jornal*, 21 jun. 1973

Hoje eu estou feliz o mais que posso ser. Não preciso de uma mulher ao meu lado para amar, nem da presença de vocês para conseguir caminhar. Sou feliz por mim, pelo que a minha alma tem de generoso e o meu coração de genial. "Sou a própria música e a própria poesia. Vinicius, Vinicius, guarda-te! — o sofrimento espera..."

Carta para Lúcio Cardoso, Itatiaia, sem data, provavelmente 1936

SOBRE O AUTOR

Vinicius de Moraes nasceu em 1913, no Rio de Janeiro. Cursou a Faculdade de Direito, no Rio, e a Universidade de Oxford, onde estudou literatura inglesa. Diplomata, ficou consagrado como um dos principais poetas de língua portuguesa desde seu livro de estreia, *O caminho para a distância*, lançado em 1933. Foi também cronista, crítico de cinema, dramaturgo, compositor e letrista. Ao assinar a adaptação da peça *Orfeu da Conceição*, cujas canções foram compostas em parceria com Tom Jobim, os dois deram início a uma intensa e brilhante parceria, que se firmaria como a dupla precursora da bossa nova. Vinicius deixou sua marca definitiva na poesia e no cancioneiro popular brasileiro, ao lado de uma vasta lista de amigos e músicos, que inclui Baden Powell, Chico Buarque, Carlos Lyra, Edu Lobo e Toquinho. Morreu aos 66 anos, em 1980, no Rio.

TIPOGRAFIAS Lapture, Covik Sans
DIAGRAMAÇÃO Estúdio Bogotá
PAPEL Pólen Bold, Suzano S.A.
IMPRESSÃO Lis Gráfica, outubro de 2021

A marca FSC® é a garantia de que a madeira utilizada na fabricação do papel deste livro provém de florestas que foram gerenciadas de maneira ambientalmente correta, socialmente justa e economicamente viável, além de outras fontes de origem controlada.